ຂ້ອຍກໍ່ສາມາດເປັນພໍ່ຄ້າໄດ້

ຂຽນໂດຍ: ເຄຍາ ແຄຣ໌
ຮູບໂດຍ: ຈອນ ໂຣເບິດ ອາຊູໂລ

Library For All Ltd.

ປຶ້ມພາສາລາວເຫຼັ້ມນີ້ ຖືກສະໜັບສະໜູນໂດຍການຮ່ວມມືຂອງ

ຮູບແຕ້ມຕົ້ນສະບັບໂດຍ ຈອນ ໂຮເບີດ ອາຊູໂລ

ຂ້ອຍກໍສາມາດເປັນພໍ່ຄ້າໄດ້
ແຄຣີ່, ເຄອາ
ISBN: 978-9932-09-051-8
SKU00849

ຄົນເຫຼົ່ານີ້ແມ່ນພໍ່ຄ້າ.

ພວກເຂົາເຮັດວຽກຢູ່ໃນຮ້ານ.

ພໍ່ຄ້າ ຂາຍເຄື່ອງຫຼາກຫຼາຍຊະນິດໃຫ້
ກັບລູກຄ້າ.

ພໍ່ຄ້າບຳໃຊ້ຕູ້ບອາງເຄື່ອງເພື່ອສະ ແດງສິນຄ້າ ແລະ ໃຊ້ເຄື່ອງບັນທຶກ ເງິນສົດເພື່ອຈັດລະບຽບການເງິນ.

ພວກເຂົາສາມາດຂາຍອາຫານ, ເຄື່ອງດື່ມ, ເສື້ອຜ້າ, ເກີບ, ເຄື່ອງຫຼີ້ນ, ປຶ້ມ ແລະ ເຄື່ອງຕົບແຕ່ງເຮືອນ.

ມີພໍ່ຄ້າພິເສດ ທີ່ຂາຍຈຳພວກດອກໄມ້,
ເຂົ້າຈີ່, ຢາປົວພະຍາດ ຫຼື
ຜະລິດຕະພັນເຄື່ອງໃຊ້ໄຟຟ້າ.

ບໍ່ພໍຖ້າຢູ່ທົ່ວໂລກ.

້ອຍກໍ່ສາມາດຮຽນຮູ້ອາຊິບພໍ້ຄ້າ
ດຍການຮຽນທ້ຳສູດ ບໍລິຫານທຸລະກິດ
ວິທະຍາໄລ ຫຼື ມະຫາວິທະຍາໄລ.

ຈາກນັ້ນຂ້ອຍກໍ່ຈະສາມາດຂ່ວຍໃຫ້ ຊຸມ
ຊົນຂອງຂ້ອຍຊື້ສິ່ງຂອງຕ່າງໆທີ່ພວກ
ເຂົາຕ້ອງການ ເພື່ອໃຫ້ມີຊີວິດທີ່ດີຂຶ້ນ.

ຂໍ້ມູນທາງບັນນາບຸກິມຂອງຫໍສະໝຸດແຫ່ງຊາດ

ເຄອາ ແຄຣ໌

ຂ້ອຍກໍ່ສາມາດເປັນພໍ່ຄ້າໄດ້ 2 / ໂດຍ ເຄອາ ແຄຣ໌.
-- ວຽງຈັນ : ມັກອ່ານ, 2020

26 ໜ້າ : ພາບປະກອບສີ ; 21 ຊມ
1. ວັນນະກຳສຳລັບເດັກ
I. ຊື່ເລື່ອງ

808.899282 – dc21
ISBN 978-9932-09-051-8

ກ່ຽວກັບນັກຂຽນ

ເຄວາ ແຄຣ໌ ເຕິບໃຫຍ່ຂຶ້ນມາພ້ອມກັບການຮັກການອ່ານ, ການຂຽນ ແລະ ການຮຽນຮູ້. ໃນຖານະທີ່ເປັນຄູອາຈານສອບ ທ່ານນາງ ແຄຣ໌ ໄດ້ມີໂອກາດ ແບ່ງປັນການຮຽນຮູ້ໃນຊີວິດກັບຄົນຮຸ່ນໃໝ່. ເຄວາ ຮັກການຂຽນໃຫ້ເລື່ອງ ລາວຕ່າງໆມີຊີວິດຊີວາຜ່ານຕົວແບບ ແລະ ຮັກແບ່ງປັນປະສົບການການອ່ານ ການຂຽນ ຜ່ານສິລະປະ, ການເຕັ້ນ, ໂບຕິ ແລະ ສີສ້າງສັນ ແລະ ກິດຈະກຳການສະແດງລະຄອນຕ່າງໆ.

ເມື່ອບໍ່ໄດ້ຢູ່ໃນໂລກຂອງຈິນຕະນາການ ທ່ານ ເຄວາ ມັກທີ່ຈະฟ້อนລຳ, ປຍ່າງໆປ່າ, ຖ່າຍຮູບ, ທ່ຽວເປຍໂນ ແລະ ເอ้าตะ຋ุ้กเธัดใຫ้ ได้ชิ่มมิดอามสุกมิสยากทิอ. นอกจากนี้ ลาวยัງเปับอาสาสะໜัก ขอງการทຫายด้าน.

ຈໍ້ງປ່ຽນແປງ ຕາມທີ່ທ່ານຕ້ອງການທີ່ຈະເຫັນຢູ່ໃນໂລກນີ້" ທ່ານ ມະຫະຕະມະ ຄານທີ

"I alone cannot change the world, but I can cast a stone across the water to create many ripples."
- Mother Teresa.

ທ່ານມັກປຶ້ມເຫຼັ້ມນີ້ບໍ່?

ທ່ານສາມາດອ່ານປຶ້ມແບບນີ້ໄດ້ເພີ່ມເຕີມ
ທີ່ຜະລິດໂດຍອົງການ Library For All

ອົງການ Library For All ຜະລິດສື່ການອ່ານ ທີ່ມີຄຸນນະພາບ
ໝາະສົມກັບວັດທະນະທຳເພື່ອການສຶກສາ ໂດຍນຳໃຊ້ນະວັດຕະ
ກຳແຫ່ງພິເສດຊັ້ນທ້ອງສະໝຸດແບບອິນຸກ. ພວກເຮົາເຮັດວຽກຮ່ວມ
ກັບນັກຂຽນໃນທ້ອງຖິ່ນ, ຄູອາຈານ, ທີ່ປຶກສາດ້ານວັດທະນະທຳ,
ລັດຖະບານ ແລະ ອົງການຈັດຕັ້ງທີ່ບໍ່ຂຶ້ນກັບລັດຖະບານ
ເພື່ອມອບຄວາມສຸກຂອງການອ່ານໃຫ້ແກ່ເດັກນ້ອຍ ທຸກໆແຫ່ງ.

ມາອ່ານນຳກັບເຮາະ!
libraryforall.org